Easy Chinese
全新版華語 1
習作B本

目次

一 數字

訂正

生字	一（ㄧ）	二（ㄦˋ）	三（ㄙㄢ）	四（ㄙˋ）	五（ㄨˇ）
部首	一	二	一	口	二
筆畫	1	2	3	5	4
生字練習					

生字	六（ㄌㄧㄡˋ）	七（ㄑㄧ）	八（ㄅㄚ）	九（ㄐㄧㄡˇ）	十（ㄕˊ）
部首	八	一	八	乙	十
筆畫	4	2	2	2	2
生字練習					

(一)連ㄌㄧㄢˊ一ㄧˋ連ㄌㄧㄢˊ，讀ㄉㄨˊ一ㄧˋ讀ㄉㄨˊ

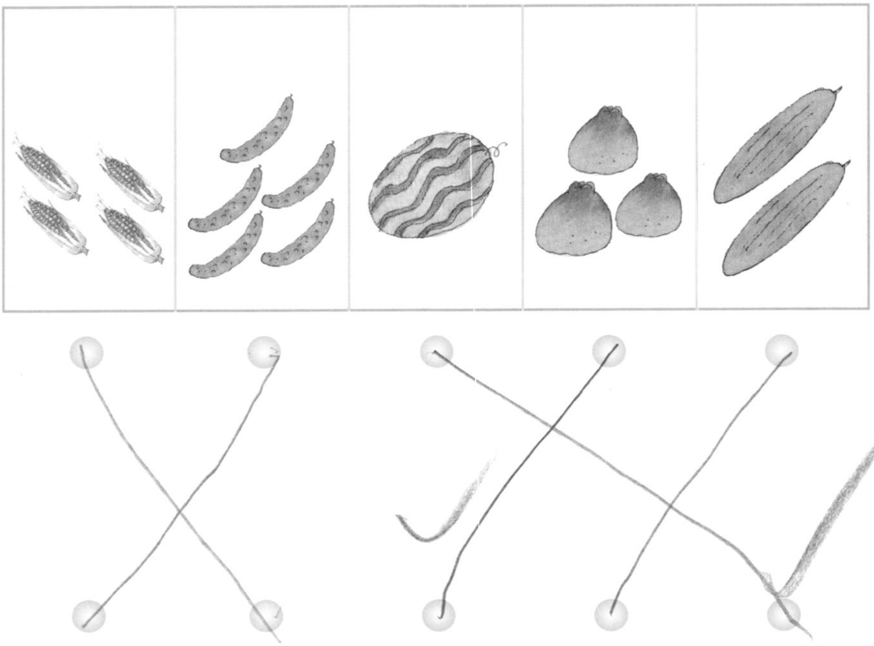

五ㄨˇ 四ㄙˋ 三ㄙㄢ 二ㄦˋ 一ㄧ

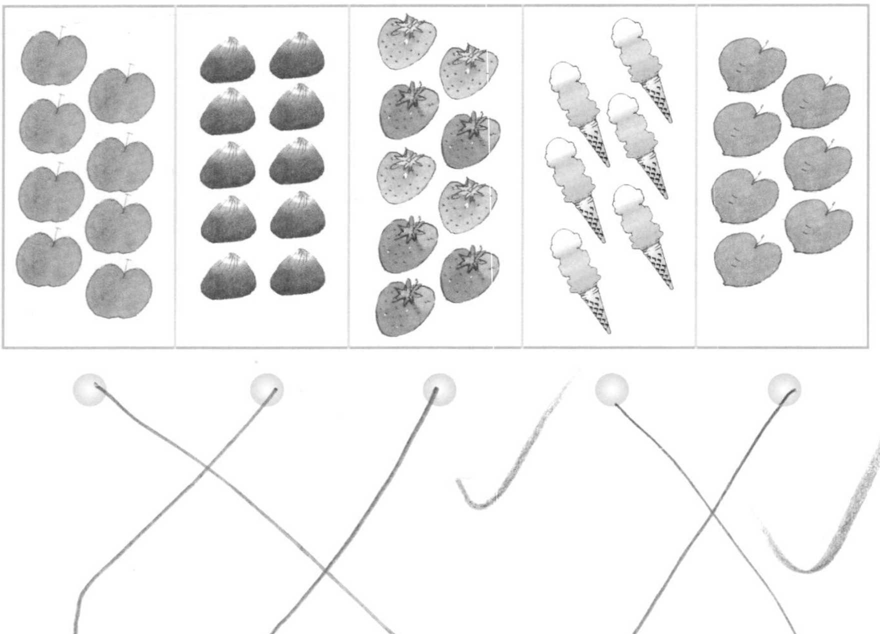

十ㄕˊ 九ㄐㄧㄡˇ 八ㄅㄚ 七ㄑㄧ 六ㄌㄧㄡˋ

（二）寫出數字
ㄒㄧㄝˇ ㄔㄨ ㄕㄨˋ ㄗˋ

八

四

五 ✓

九

七

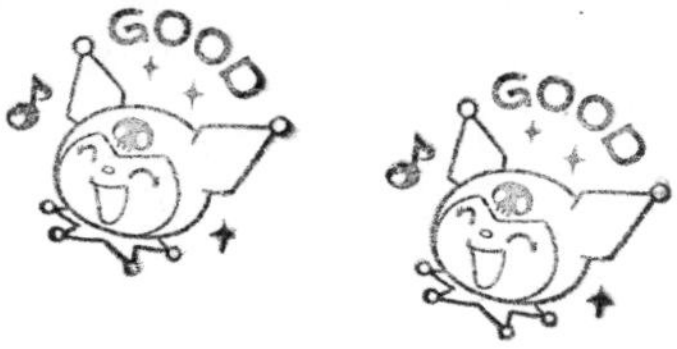

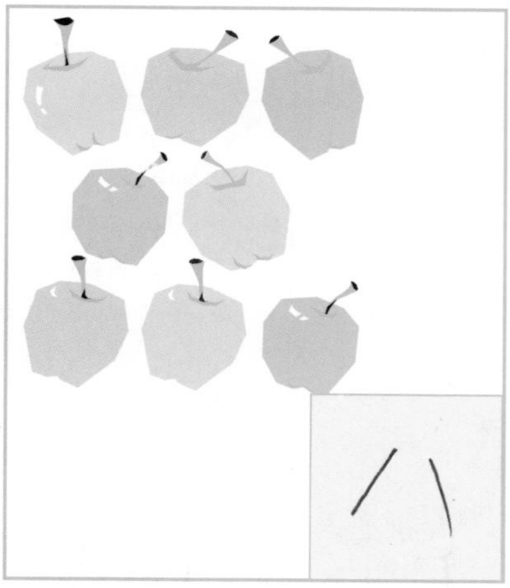

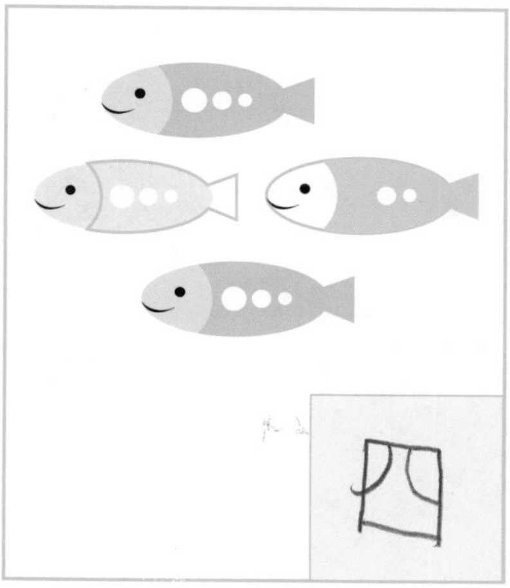

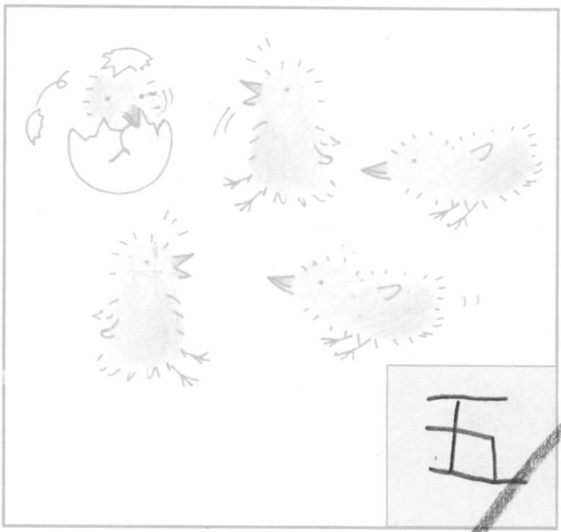

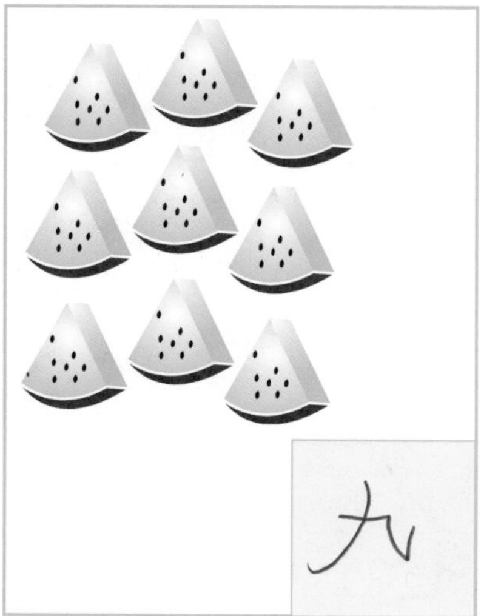

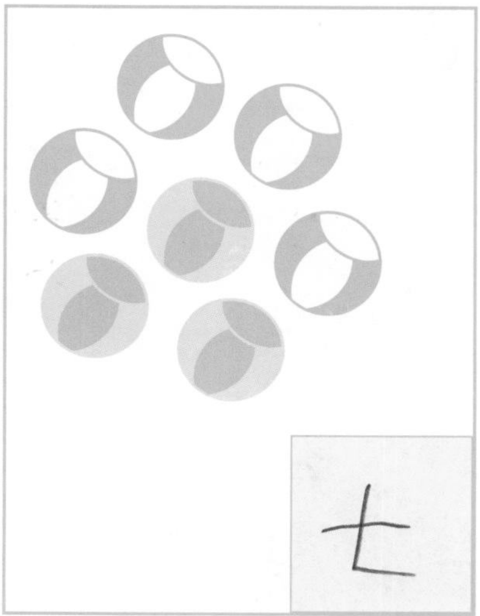

二 今天 昨天 明天

二（ㄦˋ） 今（ㄐㄧㄣ）天（ㄊㄧㄢ） 昨（ㄗㄨㄛˊ）天（ㄊㄧㄢ） 明（ㄇㄧㄥˊ）天（ㄊㄧㄢ）

訂正（ㄉㄧㄥˋ ㄓㄥˋ）

生字（ㄕㄥ ㄗˋ）	明（ㄇㄧㄥˊ）	昨（ㄗㄨㄛˊ）	星（ㄒㄧㄥ）	是（ㄕˋ）
部首（ㄅㄨˋ ㄕㄡˇ）	日（ㄖˋ）	日（ㄖˋ）	日（ㄖˋ）	日（ㄖˋ）
筆畫（ㄅㄧˇ ㄏㄨㄚˋ）	8	9	9	9

生字練習（ㄕㄥ ㄗˋ ㄌㄧㄢˋ ㄒㄧˊ）

詞語練習（ㄘˊ ㄩˇ ㄌㄧㄢˋ ㄒㄧˊ）

明天（ㄇㄧㄥˊ ㄊㄧㄢ）	昨天（ㄗㄨㄛˊ ㄊㄧㄢ）	星星（ㄒㄧㄥ ˙ㄒㄧㄥ）	不是（ㄅㄨˋ ㄕˋ）
。	。	。	。
。	。	。	。

★

昨（ㄗㄨㄛˊ）天（ㄊㄧㄢ）

↓

天（ㄊㄧㄢ）明（ㄇㄧㄥˊ）

↓

明（ㄇㄧㄥˊ）月（ㄩㄝˋ）

（一）寫出新字來

ㄒㄧㄝˇ ㄔㄨ ㄒㄧㄣ ㄗˋ ㄌㄞˊ

日 + 作 = 昨

日 + 月 = 明

日 + 生 = 星

日 生

月 不

（二）猜一猜

ㄘㄞ ㄧ ㄘㄞ

生日。（猜一個字）星

ㄕㄥ ㄖˋ （ㄘㄞ ㄧˊ ˙ㄍㄜ ㄗˋ）

少一天。（猜一個字）大

ㄕㄠˇ ㄧˋ ㄊㄧㄢ （ㄘㄞ ㄧˊ ˙ㄍㄜ ㄗˋ）

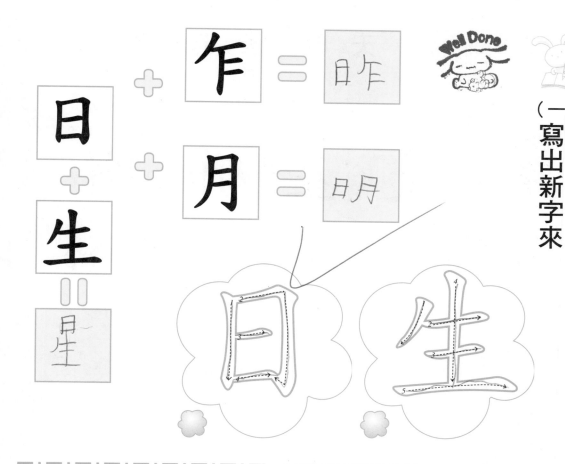

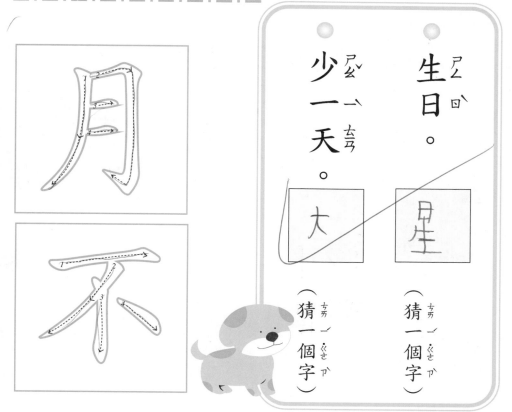

(三)讀(ㄉㄨˊ)一(ㄧˋ)讀(ㄉㄨˊ)

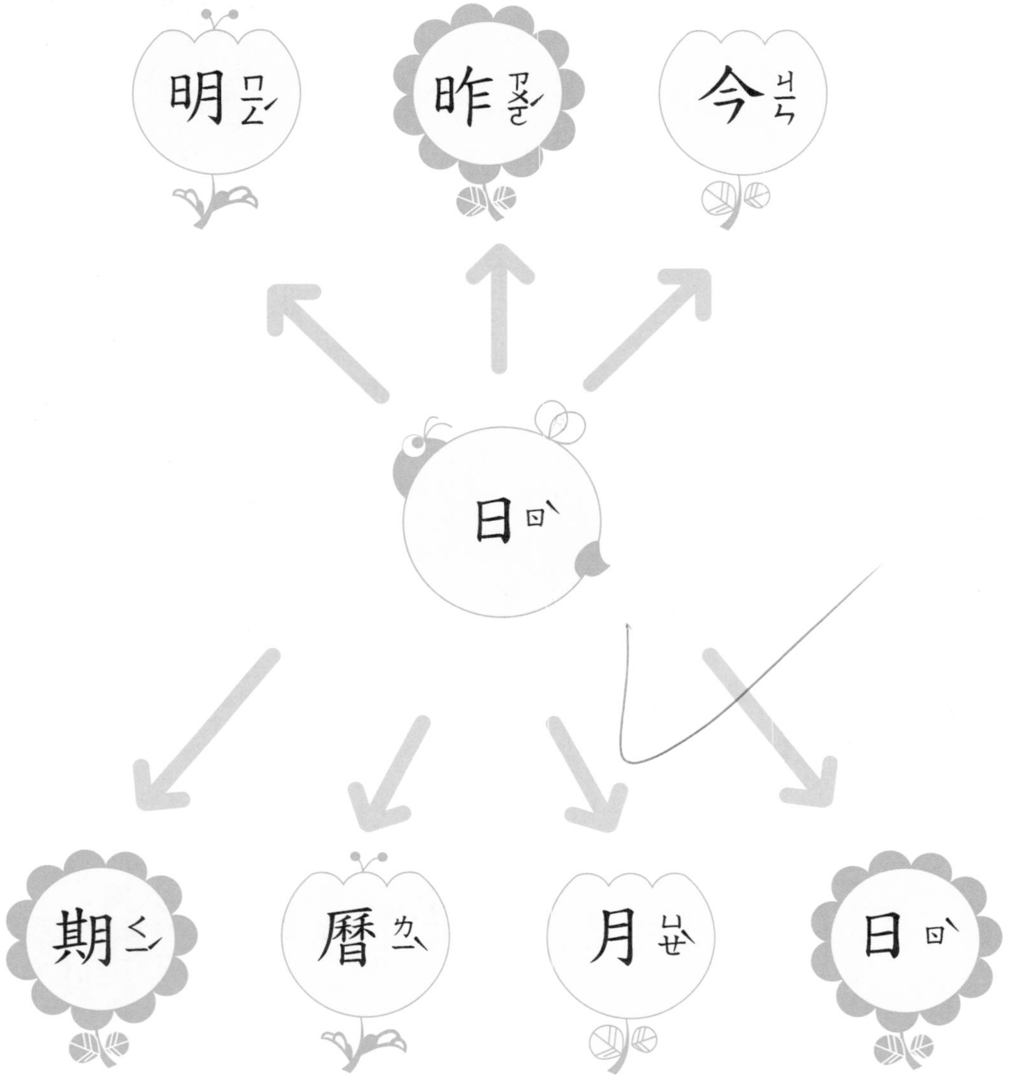

三 超級市場

	元	梨	南	西	多
訂正					
生字	元 ㄩㄢˊ	梨 ㄌㄧˊ	南 ㄋㄢˊ	西 ㄒㄧ	多 ㄉㄨㄛ
部首	儿 ㄖㄣˊ	木 ㄇㄨˋ	十 ㄕˊ	襾 ㄧㄚˋ	夕 ㄒㄧˋ
筆畫	4	11	9	6	6

生字練習

詞語練習

一元 ㄧˊ ㄩㄢˊ	梨子 ㄌㄧˊ ˙ㄗ	南瓜 ㄋㄢˊ ㄍㄨㄚ	西瓜 ㄒㄧ ㄍㄨㄚ	多少 ㄉㄨㄛ ㄕㄠˇ

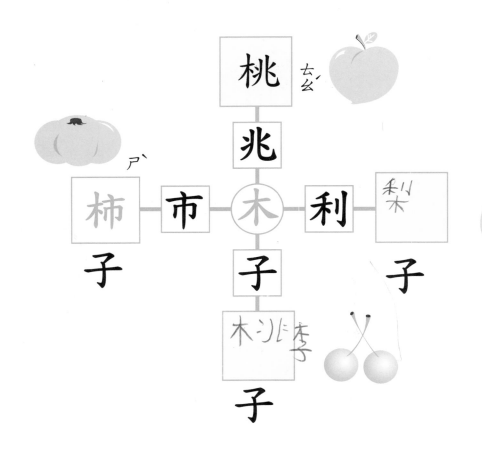

（一）動動腦：寫出新字來。

桃

兆

柿　市　木　利　梨

子　子　子

李

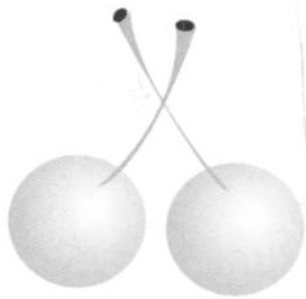

子

（二）念一念

大黃瓜，小黃瓜。

瓜瓜落下來，

打著小娃娃。

娃娃叫媽媽。

媽媽抱娃娃。

娃娃怪瓜瓜。

瓜瓜笑娃娃。

(三)看(ㄎㄢˋ)圖(ㄊㄨˊ)寫(ㄒㄧㄝˇ)字(ㄗˋ)

梨子

南瓜

西瓜

月曆 ㄌㄧˋ

李子

星星

四　好玩的字

訂正

生字

生字	注音	部首	筆畫
這	ㄓㄜˋ	辵	11
那	ㄋㄚˇ	邑	7
魚	ㄩˊ	魚	11
鳥	ㄋㄧㄠˇ	鳥	11
馬	ㄇㄚˇ	馬	10

生字練習

詞語練習

這是。

那是。

木魚。

水鳥。

牛馬。

（一）少一畫，寫寫看

大	子	禾
人	了	木

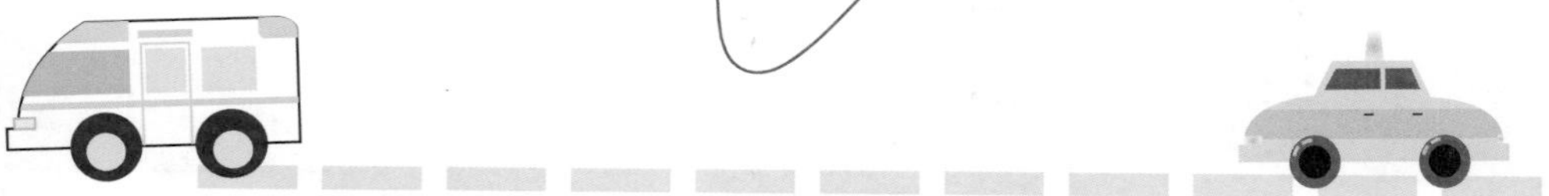

（二）多一畫，寫寫看

大	鳥	小
天	烏	少

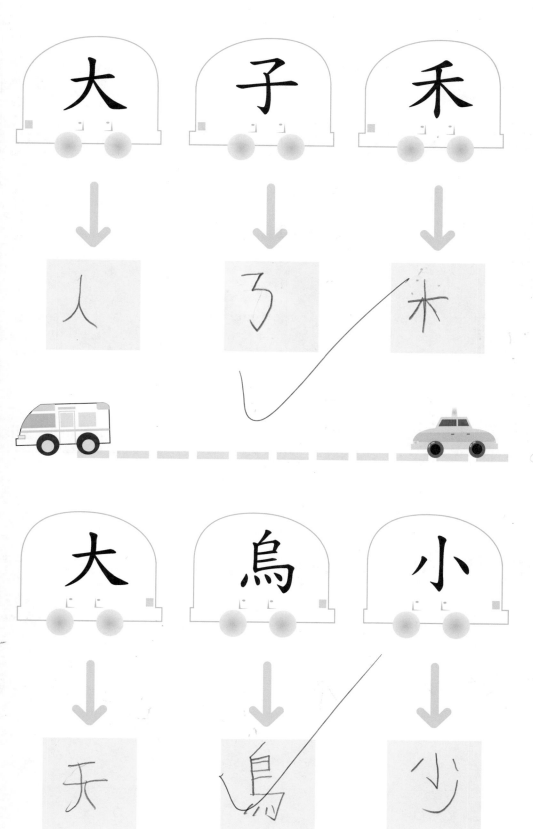

（三）寫一寫

小西瓜

小沙子

三和四是七

六和二是八

這個小孩和那個少女。

小李子

小木人

五和四是九

五和五是十

小星星

小水鳥

五ㄨˇ 妙ㄇㄧㄠˋ和ㄏㄢˋ沙ㄕㄚ

訂ㄉㄧㄥˋ正ㄓㄥˋ

生ㄕㄥ字ㄗˋ

生字	和ㄏㄢˋ	女ㄋㄩˇ	粒ㄌㄧˋ
部首	禾ㄏㄜˊ	女ㄋㄩˇ	米ㄇㄧˇ
筆畫	8	3	11

生ㄕㄥ字ㄗˋ練ㄌㄧㄢˋ習ㄒㄧˊ

詞ㄘˊ語ㄩˇ練ㄌㄧㄢˋ習ㄒㄧˊ

沙ㄕㄚ和ㄏㄢˋ妙ㄇㄧㄠˋ。

少ㄕㄠˋ女ㄋㄩˇ。

沙ㄕㄚ粒ㄌㄧˋ。

★ 妙ㄇㄧㄠˋ：美ㄇㄟˇ妙ㄇㄧㄠˋ、奇ㄑㄧˊ妙ㄇㄧㄠˋ、巧ㄑㄧㄠˇ妙ㄇㄧㄠˋ

★ 沙ㄕㄚ：沙ㄕㄚ粒ㄌㄧˋ、沙ㄕㄚ洲ㄓㄡ、沙ㄕㄚ灘ㄊㄢ

（一）讀一讀

山和田

星和月

牛和馬

魚和鳥

李和梨

西瓜和南瓜

（二）念一念：文字疊羅漢。

小	上	日	木
大	下	生	子
↓	↓	↓	↓
尖	卡	星	李
↓	↓	↓	↓
尖刀（ㄐㄧㄢ ㄉㄠ）	卡片（ㄎㄚˇ ㄆㄧㄢˋ）	星星（ㄒㄧㄥ ˙ㄒㄧㄥ）	李子（ㄌㄧˇ ˙ㄗ）

六 上(ㄕㄤˋ)下(ㄒㄧㄚˋ)左(ㄗㄨㄛˇ)右(ㄧㄡˋ)

訂正(ㄉㄧㄥˋ ㄓㄥˋ)					
生字(ㄕㄥ ㄗˋ)	前(ㄑㄧㄢˊ)	後(ㄏㄡˋ)	匹(ㄆㄧ)	有(ㄧㄡˇ)	雲(ㄩㄣˊ)
部首(ㄅㄨˋ ㄕㄡˇ)	刀(ㄉㄠ)	彳(ㄔˋ)	匸(ㄒㄧˋ)	月(ㄩㄝˋ)	雨(ㄩˇ)
筆畫(ㄅㄧˇ ㄏㄨㄚˋ)	9	9	4	6	12
生字練習(ㄕㄥ ㄗˋ ㄌㄧㄢˋ ㄒㄧˊ)					
詞語練習(ㄘˊ ㄩˇ ㄌㄧㄢˋ ㄒㄧˊ)	前(ㄑㄧㄢˊ)山(ㄕㄢ)。	後(ㄏㄡˋ)山(ㄕㄢ)。	一(ㄧˊ)匹(ㄆㄧ)。	有(ㄧㄡˇ)人(ㄖㄣˊ)。	白(ㄅㄞˊ)雲(ㄩㄣˊ)。

(一)讀一讀

1. 上上下下——小孩上上下下的爬。

2. 前前後後——小馬前前後後的跑。

3. 左左右右——山的左左右右都是雲。

4. 明明白白——白小姐明明白白的說不要。

5. 日日月月——水日日月月的流。

(二)讀一讀，寫一寫

 (小牛)	小鳥	 (小馬)
前前後後		
的走	的飛	的跑

前 後

他 ㄊㄚ	字 ㄗˋ	媽 ㄇㄚ	大 ㄉㄚˋ	的 ˙ㄉㄜ	訂正 ㄉㄧㄥˋㄓㄥˋ
	人 ㄖㄣˊ	宀 ㄇㄧㄢˊ	女 ㄋㄩˇ	大 ㄉㄚˋ	白 ㄅㄞˊ	生字 ㄕㄥㄗˋ
筆畫 ㄅㄧˇㄏㄨㄚˋ 部首 ㄅㄨˋㄕㄡˇ	5	6	13	3	8	
	他	字	媽	大	的	生字練習 ㄕㄥㄗˋㄌㄧㄢˋㄒㄧ
	他	字	媽	大	的	
	他	字	媽	大	的	

他們 ㄊㄚ˙ㄇㄣ	名字 ㄇㄧㄥˊㄗˋ	媽媽 ㄇㄚㄇㄚ	大人 ㄉㄚˋㄖㄣˊ	好的 ㄏㄠˇ˙ㄉㄜ	詞語練習 ㄘˊㄩˇㄌㄧㄢˋㄒㄧ
○	○	○	○	○	
他們	名字	媽媽	大人	好的	
○	○	○	○	○	

【全新版】華語 第一冊 習作

七 我

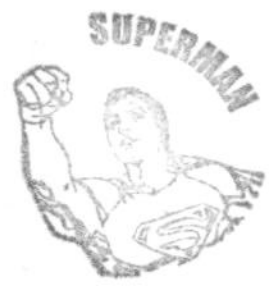

（一）連一連

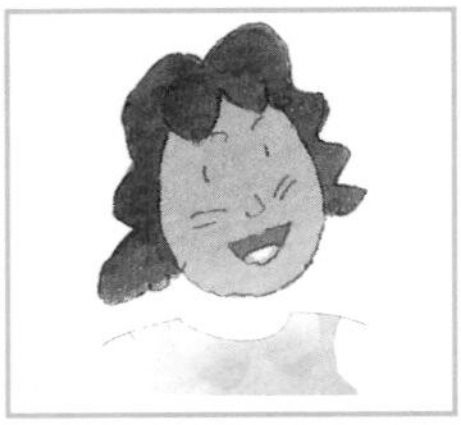

媽媽的

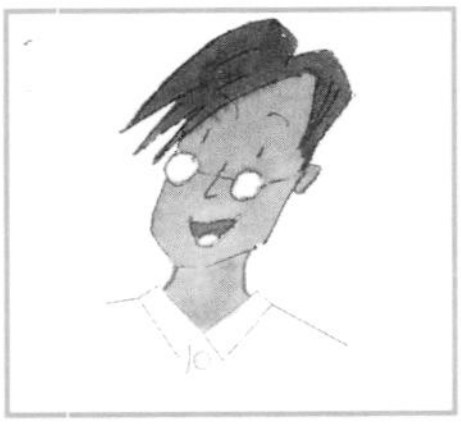

爸爸的

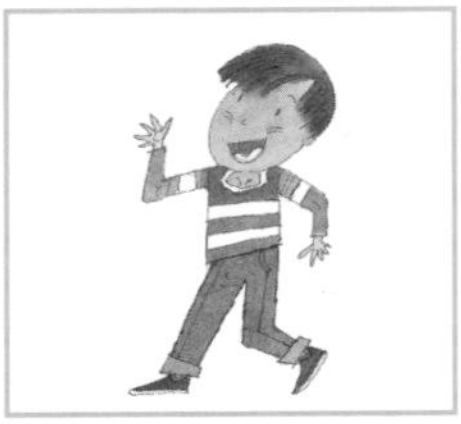

我的

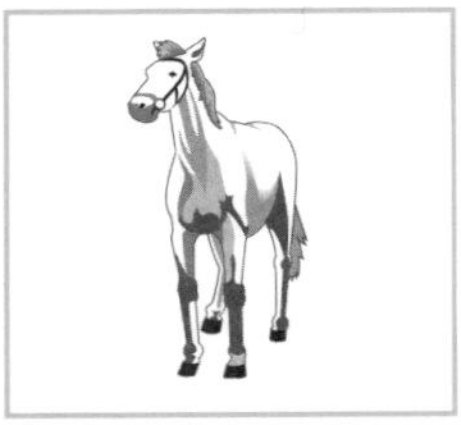

馬的

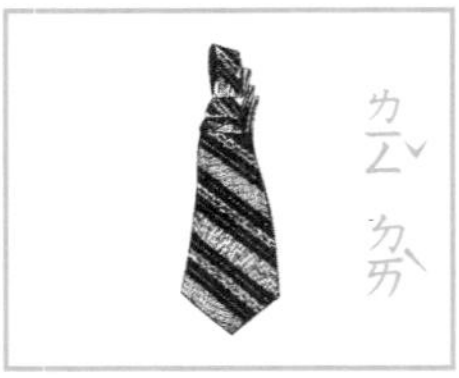

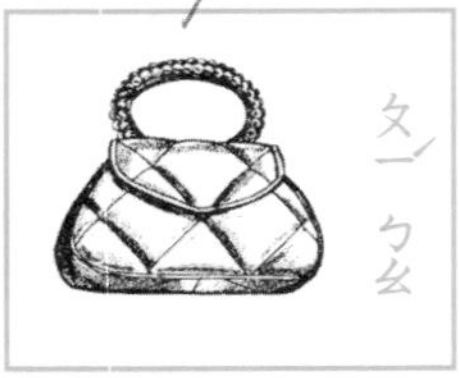

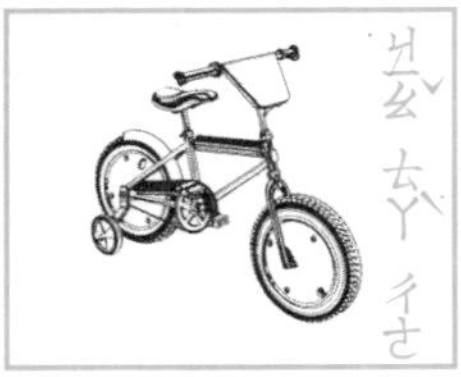

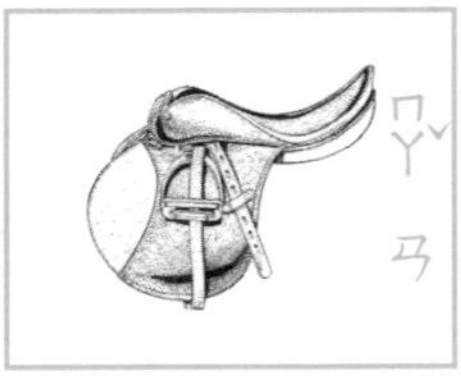

（二）少一畫，寫寫看

太 → 大

天 → 大

本 → 木

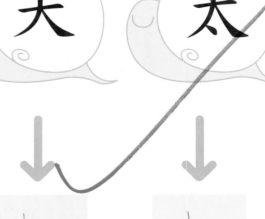

(三) 讀一讀

你在做什麼？我在叫媽媽。

你媽媽呢？我媽媽在玩沙。

沙在哪裡？沙在水裡呀！

水在哪裡？水在山下面！

山在哪裡？山在白雲邊。

白雲在哪裡？白雲在天空中飛呀飛。

八(ㄅㄚ) 哥(ㄍㄜ)哥(ㄍㄜ)

訂正(ㄉㄧㄥˋ ㄓㄥˋ)

生字(ㄕㄥ ㄗˋ)	哥 ㄍㄜ	說 ㄕㄨㄛ	早 ㄗㄠˇ	不 ㄅㄨˋ	再 ㄗㄞˋ
部首(ㄅㄨˋ ㄕㄡˇ)	口 ㄎㄡˇ	言 ㄧㄢˊ	日 ㄖˋ	一 ㄧ	冂 ㄐㄩㄥ
筆畫(ㄅㄧˇ ㄏㄨㄚˋ)	10	14	6	4	6

生字練習(ㄕㄥ ㄗˋ ㄌㄧㄢˋ ㄒㄧˊ)

詞語練習(ㄘˊ ㄩˇ ㄌㄧㄢˋ ㄒㄧˊ)

八哥(ㄅㄚ ㄍㄜ)	說好(ㄕㄨㄛ ㄏㄠˇ)	早安(ㄗㄠˇ ㄢ)	不停(ㄅㄨˋ ㄊㄧㄥˊ)	再見(ㄗㄞˋ ㄐㄧㄢˋ)
。	。	。	。	。

(一) 寫一寫，念一念

梨子不多不少，我和妹妹一人一個。

衣服不長不短，我穿剛剛好。

爸爸不早不晚，剛好回來吃飯。

這匹馬，不胖不瘦，我最愛。

（二）寫一個句子

1. 名字　我的　是　沙妙雲

（我的名字是沙妙雲。）

2. 問好　見人　就　哥哥

（哥哥見人就問好。）

3. 媽媽　不停　說個　又

（媽媽又說個不停。）

九 奶奶和爺爺

訂正					
生字	回（ㄏㄨㄟˊ）	來（ㄌㄞˊ）	姐（ㄐㄧㄝˇ）	爺（ㄧㄝˊ）	換（ㄏㄨㄢˋ）
部首／筆畫	口 / 6	人 / 8	女 / 8	父 / 13	手 / 12
生字練習					

詞語練習					
	回（ㄏㄨㄟˊ）來（ㄌㄞˊ）。	來（ㄌㄞˊ）回（ㄏㄨㄟˊ）。	姐（ㄐㄧㄝˇ）姐（·ㄐㄧㄝ）。	爺（ㄧㄝˊ）爺（·ㄧㄝ）。	換（ㄏㄨㄢˋ）人（ㄖㄣˊ）。

（一）看一看，字要怎麼寫

分成裡面和外面的字，要先寫左邊，上面和右邊，再寫中間，最後寫下面。

5 田
冂　冂　日　田　田

8 固
冂　固　固　固

6 回
冂　冂　同　同　回

10 閃
尸　門　門　閃

(二)念一念：有什麼不同？

樂得 → 妹妹樂得拍拍手。

叫得 → 哥哥叫得好大聲。

走得 → 奶奶走得像牛一樣慢。

得到 → 我得到第一名。

得名 → 這是一匹得名的馬。

十　春天來了

生字	部首	筆畫
紅（ㄏㄨㄥˊ）	糸（ㄇㄧˋ）	9
花（ㄏㄨㄚ）	艸（ㄘㄠˇ）	8
坡（ㄆㄛ）	土（ㄊㄨˇ）	8
開（ㄎㄞ）	門（ㄇㄣˊ）	12
春（ㄔㄨㄣ）	日（ㄖˋ）	9

訂正

生字練習

詞語練習

- 紅花（ㄏㄨㄥˊ ㄏㄨㄚ）。
- 花草（ㄏㄨㄚ ㄘㄠˇ）。
- 山坡（ㄕㄢ ㄆㄛ）。
- 開了（ㄎㄞ ˙ㄌㄜ）。
- 春天（ㄔㄨㄣ ㄊㄧㄢ）。

(一)填填看

白白的　綠綠的　紅紅的　黃黃的

1. 他不刷牙，牙齒看起來（黃黃的）。
2. 小白狗身上有（白白的）毛。
3. 妹妹的臉（紅紅的）像蘋果一樣，好可愛。
4. 春天，草原上長滿（綠綠的）小草。
5. 藍藍的天上有（白白的）雲。

（一）想一想，寫一寫

春天來了，我看到

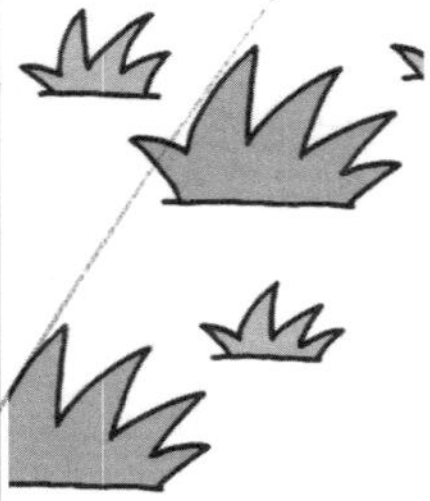
（小草）

（小花）

在山坡上。

春天來了，我聽到

（小鳥）

（小妹妹）

在唱歌。

十一 誰的耳朵好

訂正						
生字	音 ㄧㄣ	看 ㄎㄢˋ	唱 ㄔㄤˋ	但 ㄉㄢˋ	起 ㄑㄧˇ	歌 ㄍㄜ
部首／筆畫	言 9	目 9	口 11	人 7	走 10	欠 14
生字練習	音 ㄧㄣ	看 ㄎㄢˋ	唱 ㄔㄤˋ	但 ㄉㄢˋ	起 ㄑㄧˇ	歌 ㄍㄜ

詞語練習						
	聲音。	看見。	歌唱。	但是。	起來。	歌手。
	ㄕㄥ ㄧㄣ	ㄎㄢˋ ㄐㄧㄢˋ	ㄍㄜ ㄔㄤˋ	ㄉㄢˋ ㄕˋ	ㄑㄧˇ ㄌㄞˊ	ㄍㄜ ㄕㄡˇ

(一)寫出相反的詞語

看不見 → 看得見

1. 大大的 → (小小的)
2. 高高的 → (低低的)
3. 山坡上 → (山坡下)
4. 前面 → (後面)

(二) **找一找**：把對的號碼填上去。

1. 小貓的耳朵（3），很有趣。
2. 天上的白雲（2），很好看。
3. 水裡的小魚（1），真好玩。
4. 小鳥不停的（5），真有趣。
5. 小馬不停的（4），真奇怪。

1. 游來游去	2. 變來變去	3. 轉來轉去	4. 跑來跑去	5. 飛來飛去

十二　今天早上不一樣

訂正

生字

生字	太	中	冬	在	冷	真
注音	ㄊㄞˋ	ㄓㄨㄥ	ㄉㄨㄥ	ㄗㄞˋ	ㄌㄥˇ	ㄓㄣ
部首	大	丨	冫	土	冫	目
筆畫	4	4	5	6	7	10

生字練習

詞語練習

太高	空中	冬天	在家	冷笑	天真

(一) **填一填**：哪一個字錯了？請改正。

1.（牛）有一隻小午在山上。

2.（冬）我在吃東瓜。

3.（氣）今天天汽很好。

4.（太）哈！大陽出來了。

5.（玩）我到河邊去完。

6.（冷）冬天真的好泠。

(二)看圖圈一圈

草原上有(一頭，一匹)馬。

小鳥在(樹上，田裡)唱歌。

今天的天氣(有一個，有一點)冷。

【全新版】華語習作B本第一冊

總 主 編◎蘇月英
編撰委員◎蘇月英、李春霞、胡曉英、詹月現、蘇 蘭
吳建衛、夏婉雲、鄒敦怜、林麗麗、林麗眞
責任編輯◎李金瑛
插 畫◎張振松、卓昆峰、郭國書、鄭巧俐
美術設計◎利曉文
封面設計◎賴佳玲
發 行 人◎曾高燦
出版發行◎流傳文化事業股份有限公司
地 址◎(231)新北市新店區復興路43號4樓
電 話◎(02)8667-6565
傳 眞◎(02)2218-5221
郵撥帳號◎19423296
網 址◎http://www.ccbc.com.tw
E-mail:service@ccbc.com.tw
香港分公司◎集成圖書有限公司－香港皇后大道中283號聯威商業中心8字樓C室
TEL：(852)23886172-3 · FAX：(852)23886174
美國辦事處◎中華書局－135-29 Roosevelt Ave. Flushing, NY 11354 U.S.A.
TEL：(718)3533580 · FAX：(718)3533489
日本總經銷◎光儒堂－東京都千代田區神田神保町一丁目五六番地
TEL：(03)32914344 · FAX：(03)32914345

出版日期◎西元2002年11月臺初版（50008）
西元2004年 3月臺二版（50022）
西元2010年 4月臺三版一刷（50141）
西元2011年 3月臺三版二刷
印 刷◎世新大學出版中心

分類號碼◎802.85.061
ISBN 978-986-7397-42-3

定 價：60元